Wenn mir nur jemand helfen könnte. Klar, bei der Berufsberaterin bin ich schon gewesen – aber die konnte mir die Entscheidung nicht abnehmen und Sarah will natürlich, dass ich auch Geschichte studiere, damit wir zusammen die Vorlesungen besuchen können … Und ich weiß nicht, ob ich wirklich studieren soll. Ich könnte ja genauso gut ein Jahr lang nach Afrika gehen, oder … Oma hat gemeint, ich soll einfach beten und abwarten, wohin mich Gott führt. Was die für Vorstellungen hat! Meint die, plötzlich würde eine Stimme vom Himmel sprechen ‚Studiere Chemie!' ‚Geh nach Australien!' ‚Heirate Adrian!'. Obwohl: Manchmal wäre das ganz schön praktisch. Ich hab schon öfters in der Bibel herumgeblättert – viele Leute sagen ja, in der Bibel würden sie immer eine Antwort für ihr Leben finden – aber irgendwie wäre es viel leichter, wenn Gott uns ganz klare Zeichen senden würde, so im Stil von einer SMS."

WAHRHEIT – KLARHEIT

DU BIST DIE LUFT,
DIE ICH ZUM ATMEN BRAUCHE.

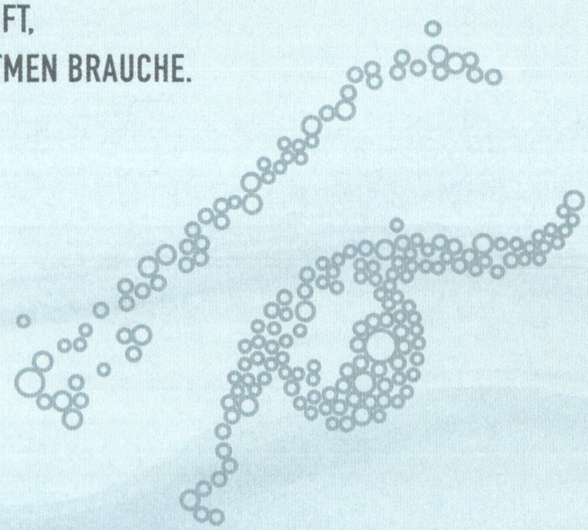

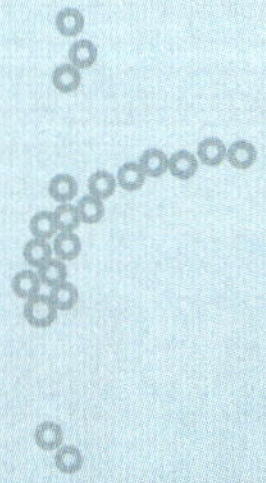

DIE LUFT IST REIN

DIE ELTERN
ABGEHÄNGT
KEINE VERWANDTEN, DIE DICH
BEQUATSCHEN
KEIN GROSSER BRUDER, DER AUF DICH
SCHAUT
DIE LUFT IST REIN
JETZT KANN DAS LEBEN BEGINNEN

„Ich soll auf mein Herz hören, hat Oma gesagt, beten, dass ich die richtigen Entscheidungen treffe. Weiß sie nicht genauso gut wie ich, dass ich das hier ganz allein entscheiden muss! Weder meine Oma noch meine Eltern und nicht einmal Gott kann mir die Entscheidungen abnehmen. Eigentlich eine tolle Sache, solche Freiheiten zu haben, aber eben: Wer die Wahl hat, hat die Qual. Ist ja schön, dass Oma so fest an Gott glaubt. Sie hat mir schon oft erzählt, dass ihr der Glaube immer wieder Halt gegeben hat. Die hat echt einige harte Zeiten durchgemacht. Klar, ich glaube auch, dass es da etwas gibt. Ich kann mir schon nicht vorstellen, dass die Welt durch einen Zufall entstanden ist und nach dem Tod alles vorbei sein soll. Aber wer sagt mir, dass es gerade der Gott aus der Bibel ist? Es gibt ja nicht nur eine Religion auf dieser Welt!“

Julia: „Wenn heute nur bloß schon Freitag wäre! Die Schule könnte mir wirklich gestohlen bleiben. Jetzt haben wir gleich zwei Stunden Mathe. Eigentlich würde ich am liebsten blau machen …"

Matthias, 16: „Hallo! Auch schon unterwegs?"

Julia: „Ja, ja, Schule wie immer."

Matthias: „Ach, ist doch ganz easy. Seit ich in der Lehre bin, hab ich kaum mehr Zeit für mich."

Julia: „Gefällt es dir denn nicht als Elektronik-Fachhändler?"

Matthias: „Doch, aber da weht ein ganz anderer Wind. Da stehst du von morgens früh bis abends spät im Laden – du musst immer freundlich sein und lächeln, egal wie die Kunden mit dir umgehen! Und Ferien hast du auch fast keine mehr … Abends tun dir die Beine weh und du musst die letzten Kräfte zusammenraufen, um noch ins Fußballtraining zu gehen. Das ist ein ganz anderes Leben. Also, ich muss weiter, der Chef kann es nicht ausstehen, wenn ich zu spät komme. Schönen Tag."

Julia: „Ciao. Klingt ganz schön streng. Aber als Schülerin hat man dafür nie Geld! – Wer kommt denn da dahergefahren? Der hat aber ein Tempo drauf!"

Enrico, 18: „Hey, Julia! Willst du mitfahren? Mein Vater hat mir heute sein Auto geborgt. Seit ich den Führerschein habe, könnte ich wirklich auf die öffentlichen Verkehrsmittel verzichten. Einfach ein cooles Gefühl, durch die Gegend zu düsen. Du kannst dich echt auf den Tag freuen, an dem du endlich achtzehn bist. Da kannst du machen, was du willst! Und niemand kann dir mehr reinreden! Wenn ich erst mal Kohle habe, dann bin ich total unabhängig!"

ENTSCHEIDUNGEN WIE TREFFE ICH ENTSCHEIDUNGEN?

ZUM ANKREUZEN

- ○ ICH HÖRE AUF MEINEN BAUCH.
- ○ ICH HÖRE AUF MEIN HERZ.
- ○ ICH HÖRE AUF MEINEN KOPF.
- ○ ICH ENTSCHEIDE TOTAL SPONTAN.
- ○ ICH FRAGE MEINE BESTE FREUNDIN / MEINEN BESTEN FREUND UM RAT.
- ○ ICH SUCHE HILFE IM GEBET.
- ○ ICH FRAGE MEINE ELTERN UM RAT.
- ○ ICH LESE IN DER BIBEL, WAS ANDERE PERSONEN IN ÄHNLICHEN SITUATIONEN GETAN HABEN.
- ○ ICH HOFFE, DASS ANDERE FÜR MICH ENTSCHEIDEN.

Julia: „Dann bist du nur von deinem Boss abhängig. Macht dir unsere Welt nicht manchmal Angst? Es gibt so viele Jugendliche, die keine Lehrstelle oder später keine Arbeit finden.“

Enrico: „So schlimm wird das schon nicht werden.“

Julia: „Verfolgst du nie die Nachrichten? Es gibt so viele Arbeitslose und die Politiker unternehmen nichts dagegen. Ich hab das Gefühl, dass der Kampf auf dem Arbeitsmarkt noch immer krasser wird. Darauf haben meine Eltern mich nie vorbereitet. Weißt du noch damals, als wir in der Schule immer gefragt wurden: Was ist dein Traumberuf? Als ob man seinen Beruf einfach so auswählen könnte.“

Enrico: „Wenn man ein Kind ist, dann glaubt man halt, dass jeder Traum erfüllbar ist.“

Julia: „Da kommt einem alles so einfach vor.
Aber wenn man älter wird, erkennt man erst,
wie kompliziert die Welt ist.“

WO SOLL ICH HIN?

GOTT, WO AUCH IMMER DU BIST, ICH FRAGE DICH:
WO SOLL ICH HIN? WELCHE STRASSE SOLL ICH WÄHLEN?
WELCHER FAHRPLAN FÜHRT MICH DURCHS LEBEN?
MIT WELCHER ROUTE KOMM ICH ANS ZIEL?
WO SOLL ICH HIN? STEH FAST TÄGLICH AN EINER KREUZUNG
DEN KOPF VOLLER FRAGEN:
NACH LINKS, NACH RECHTS, ODER DOCH GERADEAUS?
DIE LAST DER ENTSCHEIDUNG LIEGT DRÜCKEND AUF MIR

WIE ERKENN ICH DIE STRASSE ZUM GLÜCK?
WIE FIND ICH DEN BESTEN WEG?
WIE FIND ICH AUS SACKGASSEN HERAUS?
GOTT, BEGLEITE MICH ÜBER DIE KREUZUNGEN,
BERATE MICH, BEI MEINEN KLEINEN UND GROSSEN BESCHLÜSSEN

Enrico: „Wenn ich daran denke, wie meine Mutter mir immer gesagt hat, dass Gott die braven Menschen belohnt und die Bösen bestraft – wenn ich heute in die Welt schaue, dann kann ich das nicht bestätigen. Timo schummelt bei jeder Prüfung, und das schon seit Jahren! Deshalb hat er immer so gute Noten! Und ich lerne, bis mir der Kopf raucht, und kriege meistens nur eine ‚Genügend'. Soll das gerecht sein?"

Julia: „Ja, so einfach ist es leider nicht. Sandra beneide ich zum Beispiel total – die braucht ein Blatt nur einmal ansehen und dann kann sie es auswendig, ich hingegen kann es auch nachdem ich es fünf Mal durchgelesen habe nicht. Das ist irgendwie schon unfair.

Aber als Kind denkt man noch, dass schon alles so ist, wie es die Eltern erzählen. Du müsstest mal die Diskussionen hören, die ich heute mit meinen Eltern habe! Echt nervend, dass die nicht akzeptieren können, dass ihre Kinder auf einmal eine eigene Meinung haben. Und mit Politischem musst du meinem Vater gar nicht kommen. Aber eins kannst du dir sicher sein: Wenn ich achtzehn bin, dann werde ich wählen gehen! Und da redet mit keiner drein."

Enrico: „Und meinst du, du kannst damit was erreichen? Du bist doch nur eine von vielen."

Julia: „Aber jede Stimme zählt. Wenn jeder so denken würde wie du."

Enrico: „Die Politiker nehmen uns sowieso nicht ernst. Die wollen doch einfach große Reden schwingen und möglichst viel Kohle für sich selbst scheffeln. Sind doch alle dieselben – egal ob Politiker, die Eltern oder die Kirche – alle behaupten, die Wahrheit zu kennen und genau zu wissen, wie das Leben ist. Aber ist das wirklich so? Warum gibt es dann noch so viele Probleme? Ich glaube jetzt nicht mehr so schnell was, ich bin ja kein kleines Kind mehr. Da kann kommen, wer will, zuerst muss er mir das mal plausibel erklären können, bevor ich es ihm abnehme."

Julia: „Ras nicht so schnell! Wir sind nicht auf der Rennbahn!"

Enrico: „Machst du dir in die Hosen? Fährt doch voll ein! Warst du am Freitag auch am Konzert?"

Julia: „Nein, die Band ist nicht so mein Ding. Hey, du bist doch viel zu schnell!"

Enrico: „Keine Panik, ich kann fahren, auch wenn ich erst seit zwei Wochen den Führerschein habe."

Julia: „Pass auf! Da vorne!"

erWACHsen

NICHT MEHR LANGE, DANN BIN ICH ERWACHSEN
TRAG VERANTWORTUNG FÜR MEINE FAXEN
NIEMAND MISCHT SICH MEHR IN MEIN LEBEN EIN,
PASST AUF, DANN BESTIMME ICH ALLEIN
WIE ICH ES WILL, WIE WIRD DAS WOHL SEIN?

GUTER GOTT, SCHENK MIR VERTRAUEN,
MIT HOFFNUNG NACH VORNE ZU SCHAUEN
ICH HABE ANGST, MICH ZU GENIEREN
DIE IDEALE ZU VERLIEREN
HILF, DASS KEINE MISSGESCHICKE PASSIEREN

WECKE ALLE GUTEN KRÄFTE IN MIR,
WENN ICH INS LEBEN LOSMARSCHIER
UND UNWETTER MIR ENTGEGENSCHLÄGT
ZWEIFEL AM VERTRAUEN SÄGT,
DAMIT MEIN GLAUBE MICH DURCHS LEBEN TRÄGT

JUNGER LENKER (18) MIT ÜBERHÖHTER GESCHWINDIGKEIT IN VERKEHRSINSEL GERAST – JETZT IM KOMA.

Beifahrerin scheint einen Schutzengel gehabt zu haben: Sie kommt mit leichten Verletzungen davon.

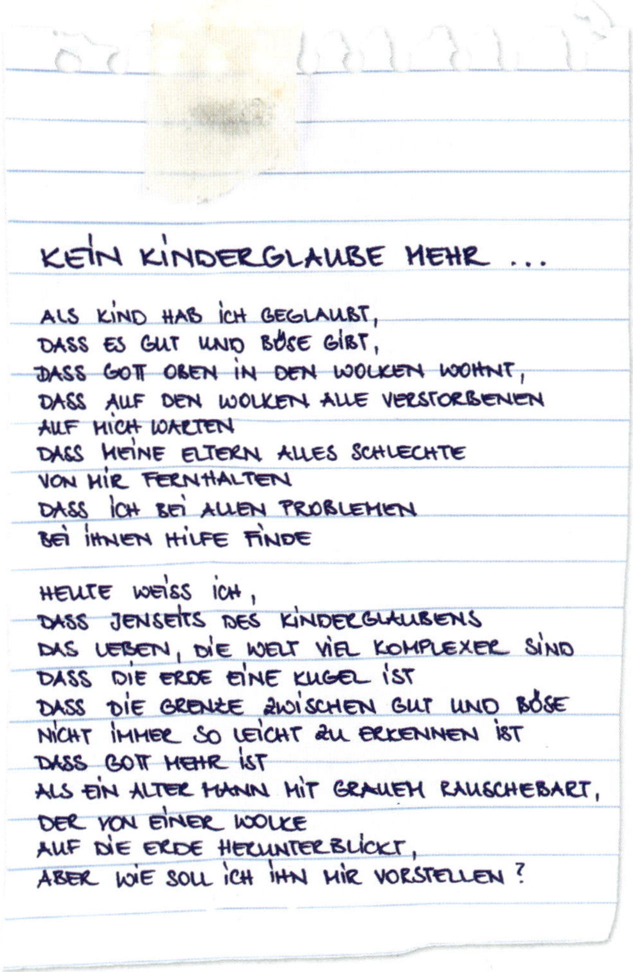

KEIN KINDERGLAUBE MEHR ...

ALS KIND HAB ICH GEGLAUBT,
DASS ES GUT UND BÖSE GIBT,
DASS GOTT OBEN IN DEN WOLKEN WOHNT,
DASS AUF DEN WOLKEN ALLE VERSTORBENEN
AUF MICH WARTEN
DASS MEINE ELTERN ALLES SCHLECHTE
VON MIR FERNHALTEN
DASS ICH BEI ALLEN PROBLEMEN
BEI IHNEN HILFE FINDE

HEUTE WEISS ICH,
DASS JENSEITS DES KINDERGLAUBENS
DAS LEBEN, DIE WELT VIEL KOMPLEXER SIND
DASS DIE ERDE EINE KUGEL IST
DASS DIE GRENZE ZWISCHEN GUT UND BÖSE
NICHT IMMER SO LEICHT ZU ERKENNEN IST
DASS GOTT MEHR IST
ALS EIN ALTER MANN MIT GRAUEM RAUSCHEBART,
DER VON EINER WOLKE
AUF DIE ERDE HERUNTERBLICKT,
ABER WIE SOLL ICH IHN MIR VORSTELLEN?

Rettungsfahrer, 37: „Wir bringen dich jetzt zuerst ins Spital. Dann kann man dich dort richtig durchchecken."

Julia: „Mit mir ist alles in Ordnung. Aber Enrico ... Er ... ich ... Warum hat er nicht gesehen, dass ..."

Rettungsfahrer, 37: „Ruhig, ruhig! Ruh dich jetzt erst einmal aus ..."

„WISST IHR DENN NICHT, DASS WIR ALLE,
DIE WIR AUF CHRISTUS JESUS GETAUFT WURDEN,
AUF SEINEN TOD GETAUFT WORDEN SIND.
WIR WURDEN MIT IHM BEGRABEN DURCH DIE TAUFE AUF DEN TOD."
(RÖM. 6,3f.)

Rettungsfahrer Johannes: „Immer dasselbe mit den jungen Leuten. Kaum sind sie 18, da meinen sie, sie hätten die Welt in der Tasche und wären unverwundbar. Und wenn sie dann in die Katastrophe hineinschlittern, sind sie total geschockt und schwören, so etwas nie wieder zu tun. Wenn die Raser mal sehen würden, wie Unfallopfer aussehen, würden sie vielleicht zum Umdenken kommen. Oder wenn man Eltern oder Angehörigen die Todesnachricht überbringen muss! Da kommt man schon oft auf ganz andere Gedanken und stellt sich die Frage, warum das Leben so brutal sein kann."

Arzt, 29: „Johannes, was machst denn du ganz allein im Pausenraum?"

Johannes: „Habe gerade ein bisschen nachgedacht. Wie geht es den beiden?"

Arzt: „Das Mädchen können wir morgen nach Hause schicken. Bei der ist alles in Ordnung. Halt ein bisschen geschockt. Der Junge wird wohl eine Weile länger dableiben müssen. Aber er kann froh sein, dass es so ausgegangen ist. Der klebt sich jetzt wohl besser den Spruch ‚Fahre nicht schneller, als dein Schutzengel fliegen kann' auf die Rückscheibe."

Johannes: „Ich werde nachher bei ihm vorbeischauen. Ist nicht viel los heute."

Arzt: „Am Wochenende war genug los. Also, wenn was ist, bin ich im Büro. Bis später."

Johannes: „Wo liegt der Sinn, dass ein fünfjähriges Mädchen von einem Raser überfahren wird? Wenn ich mit jungen Zivildienstlern zusammenarbeite und sehe, wie sie da auf einmal mit der harten Wirklichkeit konfrontiert werden, erinnere ich mich, wie ich mich damals gefühlt habe, beim Anblick des ersten toten Unfallopfers. Wenn man täglich mit dem Leid, Krankheiten und Tod zu tun hat, kann das das eigene Weltbild ganz schön ins Wanken bringen. Da beginnt man sich Gedanken zu machen. Warum kommen manche mit dem Leben davon und andere nicht? Ist das nicht ungerecht? Wie soll man da noch an einen Gott glauben? Wenn ich ehrlich bin, habe ich meinen Glauben verloren, als ich hier zu arbeiten begonnen habe."

Johannes: „Im Religionsunterricht wurde andauernd von einem gütigen, barmherzigen Gott, der niemanden im Stich lässt, erzählt. Aber warum werden so viele krank? Oder ohne Schuld Opfer in einem Verkehrsunfall? Wenn Gott so mächtig ist, warum kann er die Menschen nicht davor bewahren? Und erst die Naturkatastrophen! Ich kann es heute noch manchmal nicht fassen, wenn ich Bilder sehe, wie ein Erdbeben ganze Dörfer zerstört.

Und meistens trifft es gerade auch noch die, die sowieso nichts haben! Wo liegt da der Sinn? Kann ein gütiger Gott so etwas wirklich zulassen?“

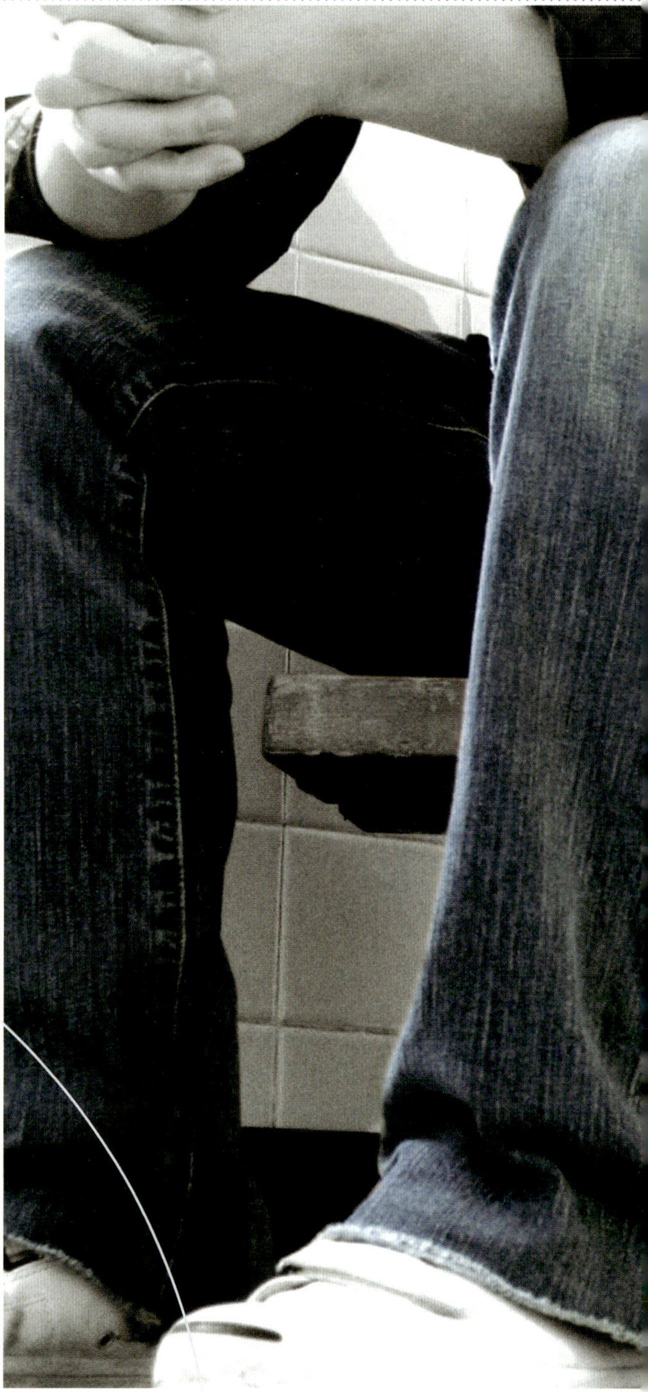

EIGENE VERANTWORTUNG?

DIE GANZE VERANTWORTUNG,
DIE GANZE SCHULD
WIRD GESCHOBEN AUF IHN,
DEN ALLMÄCHTIGEN SCHÖPFER,

DIE FLUTKATASTROPHE,
DIE ÜBERSCHWEMMUNG,
DER FLUGZEUGABSTURZ,
DA RUFT JEDER LAUT NACH GOTT,
WO IST ER GEWESEN?
WARUM HAT ER NICHTS UNTERNOMMEN?

DOCH DIE FRAGE NACH DER MENSCHLICHEN VERANTWORTUNG
WIRD MEISTENS NUR LEISE GESTELLT,
OFT SCHNELL WIEDER VERGESSEN

SCHIEBEN WIR GOTT
NICHT ZU VIEL IN DIE SCHUHE,
MACHEN WIR IHN NICHT FÜR ZU VIEL VERANTWORTLICH
UM NICHT SELBST MIT DER SCHULD KONFRONTIERT ZU WERDEN?

DOCH LAG ES OFT NICHT AN GIER UND GEIZ,
DASS DIE KATASTROPHEN NICHT VERHINDERT WERDEN,
MENSCHEN VORM UNGLÜCK BEWAHRT WERDEN KONNTEN?
LAG ES NICHT AN MANGELNDEM GELD,
DAS IN SICHERHEIT, DIE UMWELT UND DEN MENSCHEN INVESTIERT WURDE?
WAR DIE GIER NACH MEHR PROFIT WIEDER MAL GRÖSSER,
WIE LANGE WIRD DIE SCHÖPFUNG NOCH AUSGEBEUTET?

Kim, 31: „Ich kann echt nicht verstehen, warum die anderen so schlecht drauf sind. Sie haben doch alles, was sie brauchen! Hier geht es allen so gut! Die müssten mal für ein paar Tage zu meinen Verwandten nach Nigeria. Da würden sie Augen machen! Die wissen ja gar nicht, in was für einem Paradies sie leben. Und dann motzen sie noch über jede Kleinigkeit und fühlen sich immer benachteiligt. Ich bin hier auch nur die Putzfrau im Spital. Ich bin erst vor vier Jahren hierhergekommen, ich bin glücklich, dass sie mir eine Aufenthaltsgenehmigung gegeben haben – das ist heute schon fast eine Seltenheit. Ich habe eine Freundin aus Pakistan – zwei ihrer Brüder sind auf der Flucht ums Leben gekommen. Und meine Verwandten in Nigeria wissen oft nicht, was sie am nächsten Tag essen sollen. Meine kleine Cousine kann nur in die Schule gehen, weil ich ihr regelmäßig etwas Geld von meinem Lohn schicke – nicht, dass ich als Putzfrau viel verdienen würde, aber ich kann davon leben und auch meine Familie unterstützen ... Hier kann ja jeder in die Schule ... Viele sind sich gar nicht bewusst, was für ein Luxus das eigentlich ist. – Hey,

Johannes, wie geht's?"

Johannes: „Danke, gut, und dir?"

Kim: „Danke, bestens. Aber muss mich beeilen, bin spät dran ..."

Johannes: „Echt ein Wunder, dass Kim immer so fröhlich ist. Sie ist ohne Familie und Freunde in unser Land gekommen und musste von null anfangen. Viele in unserem Spital behandeln sie von oben herab, weil sie nur eine Putzfrau ist. Das ist auch so etwas, worüber ich mich aufregen könnte: Wäre Kim in Österreich geboren, würde sie jetzt vielleicht Medizin studieren. Und wenn ich am anderen Ende der Welt zur Welt gekommen wäre, könnte ich jetzt vielleicht nicht einmal lesen und schreiben!

Das ist eigentlich eine Unverschämtheit, wie ungerecht die Chancen verteilt sind! Den einen stehen alle Wege offen, den anderen überhaupt nichts.
Vielleicht unterscheidet gerade das die Erde vom Paradies. Vielleicht können wir das Paradies erst schätzen, wenn wir erlebt haben, wie es auf dieser Welt war. Wenn wir ohne Katastrophen und Krankheiten leben würden, würden wir vielleicht gar nicht verstehen, wie schön es ist, gesund und glücklich zu sein. Das ist wie beim Wetter: Wenn 365 Tage im Jahr die Sonne scheinen würde, wem würde das noch gefallen oder Freude machen? Die Sonne wäre selbstverständlich und man würde sich schon gar nicht mehr über die Sonne freuen.

Ja, ich bin in dem Alter auch nicht viel anders gewesen. Hab mich vor allem amüsieren wollen und nur Mädels im Kopf gehabt. Klar, ich hab gewusst, dass es nicht allen Menschen so gut geht wie uns – dass es so viele Kriege gibt oder dass schon junge Menschen an Krankheiten sterben. Aber eben: Wenn man jung ist, kümmert man sich nicht darum. Bei meiner Frau war das auch so. Wir sind jetzt schon acht Jahre miteinander verheiratet. Hätte früher nie gedacht, dass ich mal einen Ring an meinem linken Ringfinger trage. Wir sind jetzt schon zehn Jahre zusammen. Zehn Jahre – eine ganz schön lange Zeit. Da kribbelt es natürlich nicht mehr so wie damals, als wir uns kennen gelernt haben. Da geht man sich manchmal ganz schön auf die Nerven. Meine Frau hat die Macke, den gebrauchten Teebeutel in die Spüle zu legen – da könnte ich ihr jedes Mal den Hals umdrehen. Aber wir lieben uns."

„Die Auswirkungen der Klimaerwärmung sind auch hier schon zu spüren. Die durchschnittliche Jahrestemperatur ist in den letzten Jahren …“

Enrico: „Herein!“

Johannes: „Hallo, wollte kurz vorbeischauen … Störe ich?“

Enrico: „Nein, nur ein bisschen TV geschaut. Aber kommt nichts Spannendes.“

Johannes: „Eine Sendung über Umweltkatastrophen?“

Enrico: „Über die Klimaerwärmung … Ist irgendwie schon krass, wie sich die Welt verändert hat. Ob wir das noch aufhalten können? Ich glaube, die Leute reagieren erst, wenn es sowieso schon zu spät ist. Da kann man noch so viel in den Medien berichten. Wer verzichtet schon freiwillig aufs Auto und nimmt dafür den Bus? Und dann wundert man sich, wenn die Natur zurückschlägt. Würde mich nicht wundern, wenn bald die ganz große Katastrophe kommt.“

Johannes: „Sich in Panik zu versetzen bringt auch nichts.“

Enrico: „Sie haben gut reden. Sie sind auch nicht so jung wie ich. Wie wird die Welt wohl in fünfzig Jahren sein? Wird es uns da überhaupt noch geben?“

Johannes: „Sicher, es steht nicht gerade gut um unsere Umwelt. Aber ich habe das Vertrauen in Gott und seine Schöpfung, auch wenn vieles dagegen spricht."

Enrico: „Kommen Sie mir nicht mit Religion! Die hat schon genug Katastrophen verursacht. Früher und heute – was ist meistens die Ursache für Konflikte und Probleme? DIE RELIGIONEN!"

Johannes: „Aber das sind doch nicht die Religionen selber, sondern die Menschen, die die Religion missbrauchen ..."

Enrico: „Schauen Sie, was in Israel passiert, in Irland oder diese Terroristen! Die Religion hätte man schon längst abschaffen sollen."

Johannes: „Das sehe ich nicht so. Die Menschen sollten bloß lernen, toleranter miteinander zu sein und sich gegenseitig zu respektieren. Dann würde es keine Konflikte wegen der Religion geben. Und es sollte endlich ein Ende nehmen, die Bibel oder den Koran für politische Ziele zu missbrauchen."

Enrico: „Ich weiß nicht. Oft hab ich das Gefühl, dass die Religion nur Menschen, denen es nicht so gut geht, vertrösten will. So eine Art Trostpflaster."

Johannes: „Also ich bin religiös und ich bin mit meinem Leben ganz zufrieden. Ich habe eine Frau, die ich liebe, einen Job, der mir gefällt, Freunde ... Würde nicht sagen, dass die Religion für mich ein Trostpflaster ist. Wenn ich an Gott glaube, habe ich eine Beziehung zu ihm, und da ist es nicht so, dass ich einfach auf etwas warte, sondern Gott erwartet auch etwas von mir."

Enrico: „Aber warum lässt Gott solche Naturkatastrophen zu! Oder die Kriege! Oder dass so viele Menschen in Armut leben! Seit es die Menschen gibt, hauen sie sich die Köpfe ein. Und da spricht die Bibel davon, man soll seine Feinde lieben!"

Johannes: „Genau deshalb fasziniert mich die Bibel so. Sie vermittelt eigentlich ganz verrückte Botschaften, aber wenn wir unser Leben nur ein bisschen danach orientieren würden, würde es uns allen auf der Welt schon besser gehen. Oft liegt es an uns, dass sich die Situation nicht verbessert."

Enrico: „Danke übrigens."

Johannes: „Wofür?"

Enrico: „Dass Sie so schnell zur Unfallstelle gekommen sind."

Johannes: „Das ist meine Aufgabe. Wie geht es dir?"

Enrico: „Danke, es geht schon etwas besser. Da bin ich echt noch glimpflich davongekommen! Ich hätte wohl besser auf Julia gehört. Wollte wohl besonders cool sein."

Johannes: „Du hättest den Wagen sehen sollen! Totalschaden. Ihr beide habt echt einen Schutzengel gehabt!"

Enrico: „Schutzengel? Hm, ich weiß nicht. Warum hat Gott dann den Unfall zugelassen?!"

Johannes: „So einfach ist das nicht. Wenn wir Scheiße bauen, dann müssen wir das schon selber ausbaden. Man kann nicht für alles Gott verantwortlich machen."

Enrico: „Ja, aber muss man gleich von einem Schutzengel reden?"

Johannes: „Ja, stimmt irgendwie schon. Man nimmt das Wort ‚Schutzengel' fast bei jeder Gelegenheit in den Mund. Doch ich glaube schon, dass jeder von uns von einem Engel beschützt wird."

Enrico: „Du glaubst an Engel?"

Johannes: „Brauchst mich gar nicht so schräg anzuschauen! Ja, ich glaube, dass es Engel gibt. Natürlich nicht an solche kitschigen Figuren, wie man sie in jedem Supermarkt finden kann oder sie in der Werbung gezeigt werden. Nein, so sehen Engel bestimmt nicht aus. Aber ihr Äußeres ist für mich nicht entscheidend, sondern dass mich ein persönlicher Schutzengel beschützt."

HIMMELSLICHT UND GEISTESBLITZ

ZWEI PFARRER TREFFEN SICH, DER EINE KLAGT: „DIE TAUBEN VERSCHMUTZEN MEINE SCHÖNE KIRCHE. ICH HABE ALLES PROBIERT, ABER SIE KOMMEN IMMER WIEDER!" DER ANDERE LÄCHELT: „BEI MIR NICHT MEHR. ICH HABE ALLE FIRMEN LASSEN – UND SEITHER SIND SIE NIE MEHR IN DIE KIRCHE GEKOMMEN …"

GOTT SPRACH: ES WERDE LICHT.
UND ES WURDE LICHT.
GOTT SAH, DASS DAS LICHT GUT WAR.
(GEN 1,3 f)

Rosalie, 76: „Und da spricht man andauernd davon, dass Religionen nichts anderes können als Unheil stiften! Dabei gibt es auch Länder, wo Menschen verschiedener Religionen ohne Probleme miteinander zusammenleben und sich gegenseitig akzeptieren. Man muss sich einfach respektieren!"

Julia: „Bringen Sie das den Menschen mal bei …"

Rosalie: „Beibringen allein reicht nicht aus. Man kann zwar allen beibringen, respektvoller mit den Mitmenschen und der Umwelt umzugehen, aber letzten Endes muss etwas in ihren Herzen passieren – sie müssen ganz drin erfasst werden von Gottes Liebe. Ohne den Heiligen Geist geht es nicht. Er ist die treibende Kraft."

Julia: „Heiliger Geist? Sie sind gut! Wie soll man denn merken, dass er am Werk ist? Es kann ja auch einfach sein, dass man sich das Ganze nur einbildet …"

Rosalie: „Ja, manchmal ist das nicht so einfach. Ich glaube, es hat irgendwie mit Achtsamkeit zu tun und ob man darauf hört, was in einem drin passiert. Mit der Zeit lernt man, den Heiligen Geist besser wahrzunehmen. Ich bete regelmäßig zum Heiligen Geist, dass er mir hilft und mich mit seiner treibenden Kraft erfüllt."

FORM MICH

LIEBER GOTT,
SCHENK MIR DEINEN GEIST,
DAMIT ER MICH ERFÜLLT,
IN MEIN HERZ, IN MEINE GEDANKEN DRINGT,
BIS IN JEDE FINGERSPITZE
MEINEN FÜSSEN DIE RICHTIGE RICHTUNG WEIST

FORM MICH,
DAMIT ICH ERFÜLLT WERDE,
VON DEINER FREUDE, VON DEINER LIEBE
VON DEINER TREIBENDEN KRAFT

Rosalie: „So, jetzt gehe ich wieder. Ich bin lange genug geblieben."

Julia: „Ah, nein. Hat mich gefreut, dass Sie vorbeigekommen sind. Und danke für den Kuchen!"

Rosalie: „Gern geschehen, das habe ich doch gern für dich gemacht. So, dann mache ich mich noch auf den Weg, muss ins Altenheim ..."

Julia: „Sie müssen ...?"

Rosalie: „Nein, ich gehe zwei Frauen besuchen, die im Altersheim leben. Sie haben ja sonst niemanden und freuen sich immer so, wenn ich komme. Sie sind beide schon über neunzig."

Julia: „Sie gehen freiwillig dorthin? Also, ich war einmal mit der Schule dort, all die Alten, irgendwie ich weiß nicht ..."

Rosalie: „Gott hat mir in meinem Leben so viel Gutes getan, da finde ich es das Mindeste, wenn ich anderen was zurückgeben kann. Mit 76 hat man sehr viel erlebt, das kann man sich mit zwanzig noch gar nicht vorstellen. Und du wirst es mir nicht glauben, aber im Altenheim erleb ich immer wieder so schöne Episoden, in denen ich spüre, DASS GOTT UNTER UNS IST: Eine Frau im Rollstuhl, sie hat keine Freunde und Verwandte, die sie besuchen, deshalb war sie immer sehr griesgrämig. Irgendwann habe ich sie dazu gezwungen, mit mir ‚Mensch ärger dich nicht' zu spielen. Jetzt wartet sie schon immer auf mich, wenn ich komme, und die Pfleger haben mir erzählt, dass sie viel fröhlicher geworden ist. Ein Mensch allein kann nicht die ganze Welt verändern, aber er kann wenigstens einen kleinen Beitrag leisten, und wenn jeder Mensch einen Beitrag leisten würde, dann würde es auf unserer Welt schon ganz anders aussehen. Wenn ich daran denke, was Mutter Teresa ganz allein geschafft hat. Für mich sind das große Menschen – Menschen, die mit Gottes Segen im Einsatz für andere waren."

Julia: „Ja, das finde ich schon eine gute Sache. Da sieht man wenigstens gleich, was man erreicht. Nicht so wie bei den Hilfswerken – ich bin immer sehr skeptisch, da etwas zu spenden – der größte Teil von diesem Geld kommt ja sowieso nicht den Armen zugute ..."

Rosalie: „Da bist du nicht die Einzige, die so spricht. Also, ich spende regelmäßig. Ich bin mir bewusst, dass nicht immer der gesamte Betrag direkt an die Notleidenden gehen kann – aber irgendwie müssen die Hilfswerke ja auch ihre Kampagnen und die Verwaltung bezahlen."

Julia: „In den Medien wird immer wieder über solche Skandale berichtet, wo Spenden unterschlagen werden ..."

Rosalie: „Ach, ich denke, dass das bloß immer riesig aufgebauscht wird. Die großen Hilfswerke haben ja ein Gütesiegel. Und damit sie das bekommen, müssen sie sich an strenge Auflagen halten. Da bin ich mir schon sicher, dass es eine gute Sache ist. Und man sieht ja auch Resultate. In Afrika, in Südamerika oder auch bei uns in Europa – so viele Schulen, Spitäler und Kinderheime konnten gebaut werden! Wenn das nichts ist! Da hat sich in den letzten Jahrzehnten einiges getan. Wenn ich zum Beispiel an die Armenküchen denke! Das hat es früher nicht gegeben: Restaurants und Lebensmittelgeschäfte, die das Essen, das sie nicht mehr brauchen, an Obdachlose verteilen anstatt wegzuwerfen. Sicher, es könnte noch mehr gemacht werden.

Aber das ist schon mal ein guter Anfang!"

Britta, 17: „Hallo! Störe ich? Ich wollte nur …"

Rosalie: „Nein, ich war sowieso schon am Gehen, also, macht's gut, bis bald."

Julia: „Auf Wiedersehen. Komm nur herein, das war meine Nachbarin, sie hat mir einen Kuchen gebacken. Ist das nicht süß?"

Britta: „Und ich hab dir Gummibärchen und ein paar Zeitschriften mitgebracht!"

Julia: „Wow, super! Danke. Kann ich gebrauchen. Ist echt langweilig, hier zuhause rumzuhängen. Schön, dass du mich besuchen kommst. Mama besteht darauf, dass ich die ganze Zeit im Bett bin! Wie läuft's in der Schule? Gibt's was Neues?"

Britta: „Nein, ihr seid immer noch Thema Nummer 1. Also, Enrico kann froh sein, dass er mir nicht begegnet ist, dem hätte ich den Hals umgedreht! Das Team vom Weltladen hat mich angefragt, ob ich bei ihnen mitmachen will. Jetzt werde ich an jedem zweiten Samstag im Monat die Vormittagsschicht übernehmen."

Julia: „Im Weltladen? Aber dort bekommt man doch keine Kohle?"

Britta: „Ja, aber ich mach's ja nicht wegen dem Geld. Mir liegt die Idee, der ‚Faire Handel' einfach am Herzen. So kann ich mit meiner Arbeit Leuten in Südamerika helfen und einen Beitrag leisten, dass die Wirtschaft etwas fairer wird."

Julia: „Und meinst du, das bringt was? Das ist doch nur ein Tropfen auf den heißen Stein."

Britta: „Wenn jeder so denken würde, würde es mit unserer Welt wirklich endgültig den Bach runtergehen. Sicher kann ein Weltladen die Ungerechtigkeit nicht von heute auf morgen beseitigen, aber wenn wir auch nur ein paar Menschen helfen, ist doch schon einiges erreicht. Meine Schwester geht jetzt für ein Jahr nach Brasilien, um dort eine Fair-Trade-Organisation vor Ort zu unterstützen. Finde ich echt mutig."

Julia: „Die opfert ein ganzes Jahr für diese Sache?"

Britta: „Ja, es liegt ihr total am Herzen. Sie hat gemeint, dass es ihr immer so gut gegangen ist, da möchte sie anderen Menschen auch die Möglichkeit geben, etwas aus ihrem Leben zu machen. Nach ihrem Medizinstudium möchte sie gerne als Ärztin in solche armen Regionen gehen. Sie fühlt sich dazu berufen. Schon komisch. Habe mir ja schon tausend Mal überlegt, zu was ich berufen bin … Apropos, du errätst nie, wen ich gestern am Bahnhof getroffen habe!"

Julia: „Wen? Sag schon."

Britta: „Schwester Elisabeth! Erinnerst du dich noch? Die junge Nonne, die uns mal Religionsunterricht erteilt hat."

Julia: „Du meinst diejenige, mit der wir mal einen Ausflug in ihr Kloster gemacht haben?"

Britta: „Ja, genau. Wir mussten beide auf den Zug warten und da haben wir uns ein bisschen unterhalten. Sie wollte wissen, was ich nach der Matura mache und so weiter. Sie hat sich nach dir erkundigt. Ich soll dir liebe Grüße ausrichten. Sie war sich nach der Matura auch nicht sicher gewesen, wohin es sie zieht. Irgendwie wollte sie ja schon ins Kloster, aber irgendwie hat sie auch etwas zurückgehalten … Dieser Schritt sei ihr nicht leicht gefallen. Sie hätte gebetet, dass Gott ihr den Heiligen Geist schickt, damit er ihr den richtigen Weg zeigt."

Julia: „Wenn das so einfach wäre! Die redet ja so, als ob Gott uns täglich einen Routenplaner schicken würde. Dabei frage ich mich wirklich, ob Gott auf unserer Welt überhaupt zu entdecken ist. Manchmal kommt es mir schon so vor, als ob er sich in seinen Himmel zurückgezogen hat."

Britta: „Jetzt übertreib mal nicht. Du tust ja so, als ob unsere Welt total schlecht ist. Aber es gibt auch viel Gutes! Diese Elisabeth hat auch gemeint, dass man auf dieser Welt immer wieder Gottes Spuren erkennen kann. Manchmal sind es nur ganz kleine Dinge. Es hängt von dir ab, ob du mit dieser negativen Brille durch die Welt spazierst, ich bin optimistisch – klar, es gibt einiges, das nicht gut läuft, aber wenn wir uns andauernd darüber beklagen, wird sich gar nichts verändern! Dort, wo meine Schwester hinfliegt, hat diese Hilfsorganisation schon fünf Schulen bauen können. Da werden jetzt über fünfhundert Kinder unterrichtet, die sonst nie Lesen und Schreiben gelernt hätten. So haben sie viel größere Chancen, später einen Beruf zu erlernen und nicht auf der Straße zu landen."

HELDEN DES ALLTAGS

HELDEN DES ALLTAGS – ÜBERALL,
ES BRAUCHT KEINEN SUPERMAN,
KEINE MUTTER TERESA NUMERO 2,
DAMIT UNSER LEBEN BESSER WIRD
SONDERN MENSCHEN WIE DU UND ICH – WIR ZWEI
AUF JEDEN EINZELNEN KOMMT ES AN,
AUF DIE KLEINEN TATEN
AN EINEM NORMALEN TAG

LASS JEDEN MENSCHEN DIE ERFAHRUNG MACHEN,
DASS AUCH IN IHM EIN HELD DES ALLTAGS STECKT,
SCHEINT ES AUCH NUR EINE KLEINE SACHE ZU SEIN,
ZUSAMMEN WERDEN SIE GROSS
SCHENK UNS IDEEN UND ENERGIE FÜR UNSERE EINSÄTZE
ALS HELDEN DES ALLTAGS

Julia: „Und was machst du heute Abend?“

Britta: „DJ Mir-Ko legt im Kix auf. Das werde ich mir nicht entgehen lassen.“

Julia: „Ich hoffe, dass ich bald wieder hundertpro fit bin. Ist echt langweilig, jeden Abend hier zuhause rumzuhängen.“

Britta: „Das Beste hab ich dir noch gar nicht erzählt. Schau dir mal diesen Flyer an.“

Julia: „Willst du endlich glücklich sein?! Bei uns findest du das ewige Glück! – Wo hast du denn das aufgetrieben?“

Britta: „Wurde mir in der Fußgängerzone in die Hand gedrückt. Eine Sektenfrau. Echt krass, was die schreiben.“

Julia: „Die Rettung vor dem Weltuntergang. Sorgen im Beruf? Stress mit der Familie? Fühlen Sie sich leer?! – Kehren Sie jetzt um und kommen Sie zur ‚Kirche des Lichts‘!“

Britta: „Dass da jemand darauf reinfällt. Sieht doch ein Blinder, dass die nur die Kohle von einem wollen.“

Julia: „Einsame und kranke Menschen schreckt das sicher nicht ab. Die sind sicher froh, dass sie endlich etwas gefunden haben, das alle ihre Probleme löst.“

Britta: „Aber da halsen sie sich doch nur noch mehr Probleme auf. Hast du doch im Fernsehen gesehen, wie krass die Leute in einer Sekte behandelt werden.“

Julia: „Du hast leicht reden! Vielleicht sind wir ja auch in einer Sekte? Nur weil wir Mitglieder von einer weltweiten Kirche sind, heißt das noch lange nichts …“

Britta: „Ach Quatsch! Überleg doch mal: Wird bei uns jemand zum Glauben gezwungen? Wird uns alles vorgeschrieben? Werden wir kontrolliert? WIR KÖNNEN UNS FREIWILLIG FÜR ODER GEGEN DEN GLAUBEN ENTSCHEIDEN. Gott hat uns diese Freiheit geschenkt!“

Julia: „Mal schauen, ob was Spannendes im TV kommt … Kindersendung, Nachrichten, ah, hier, eine Talkshow!“

Moderatorin: „Jetzt kommen wir zu einem Gast, der behauptet, dass er schon einmal ein Wunder selber erlebt hat. Begrüßt ganz herzlich Kai! Also, was für ein Wunder hast du erlebt?“

Kai, 62: „Mein großes Hobby ist Heißluftballonfahren. Ich bin also wieder mal an einem schönen Tag ganz früh am Morgen losgefahren. Nach einer Stunde sind plötzlich dunkle Gewitterwolken aufgezogen. Zuerst hab ich mir gedacht, dass die sicher schnell wieder verschwinden. Denn der Wetterbericht hatte einen schönen Tag vorhergesagt. Aber dann bin ich auf einmal mitten in einer Gewitterfront gewesen. Um mich herum hat es geblitzt und gedonnert. Der Korb des Heißluftballons wurde hin und her geschleudert. Mir war sofort klar, dass ich keine Chance hatte. Da stürzte der Ballon ab! Der Korb fiel in die Tiefe hinunter. Zu diesem Zeitpunkt war ich sicher hundert Meter hoch. Das war eindeutig ein Wunder! Normalerweise hätte ich tot sein müssen oder mindestens schwer verletzt!“

Mirella, 45: „Ach was, Sie haben einfach Glück gehabt! Das kommt schon mal vor. Aber da muss man nicht gleich von einem Wunder sprechen.“

Kai: „Sie haben groß reden! Sie sind ja nicht dabei gewesen! Ich bin fest überzeugt, dass da Gott seine Hand im Spiel hatte. Das war ein Wunder.“

Diana, 30: „Also, ihr beide werdet euch wohl nie einig werden! Ich bin Tierpflegerin. Für mich ist jedes Tier ein Wunder – nicht, weil irgendetwas Übersinnliches oder Phänomenales passiert, sondern weil ich es einfach einzigartig finde, wenn die Tiere Jungen bekommen. Das geht unter die Haut, wenn man bei der Geburt eines Elefantenbabys dabei ist."

Moderatorin: „Dann spielt es für Sie keine Rolle, ob man das Wunder naturwissenschaftlich erklären kann oder nicht?"

Diana: „Nein, darum geht es doch gar nicht. Es kommt immer auf die eigene Sichtweise an. Für die einen ist es ein Zufall, Glück oder etwas Unerklärliches, für die anderen ist es ein Wunder, für das Gott verantwortlich ist. Aber ich denke, dass man viel achtsamer mit der Welt und den anderen Menschen umgeht, wenn man auf Wunder achtet und nicht alles für selbstverständlich nimmt ..."

Julia: „Die reden ja ohne Punkt und Komma. Da schalte ich besser aus. Wer läutet denn jetzt an der Tür? Besuch für mich?"

ICH

Julia: „Nein, Oma, ich weiß wirklich nicht, warum ich das machen soll. Meinst du, es bringt was, wenn ich bei dieser Wallfahrt mitfahre, auch wenn ich überhaupt nichts damit anfangen kann? Sicher, ich glaube an Gott und ich bin ihm auch dankbar, dass er mich beschützt hat, aber es ist doch kein MUSS, dass ich als Dank eine Wallfahrt mache.

Ich versteh, dass dir das wichtig ist.

Aber für meinen Glauben ist das nicht so wichtig. Ist es wesentlich, ob ich am Ende von meinem Leben an zehn Wallfahrten teilgenommen habe? Ich glaube, Gott möchte, dass wir seine Gebote im Alltag zu leben versuchen. Was mir am Glauben liegt? Darüber haben wir doch schon einmal gesprochen. Also, ich denke, dass Liebe und Respekt zwei der zentralsten Themen sind. Ja, Gott möchte, dass wir anderen Menschen mit Liebe und Respekt begegnen. Ja, reden wir ein anderes Mal weiter. Bis bald!"

Marc: „Stress mit der Oma?“

Julia: „Schon okay. Sie meint es halt gut mit mir.“

Marc: „Sie ist sehr religiös?“

Julia: „Ja. Und sie wünscht sich halt, dass ihre Enkel auch so sind.“

Marc: „Dann möchte sie, dass du jeden Sonntag in die Kirche gehst?“

Julia: „Nein, darum geht es eigentlich nicht. Es ist ja nicht so, dass ich nicht glauben würde. Ich war mal bei einer speziellen Meditationsfeier, das war so eine Veranstaltung speziell für junge Leute. Wir haben eine Nacht lang gesungen und gebetet und zwischendurch war immer wieder Stille. Das war echt ein eindrückliches Erlebnis. Eine Stimmung, die man fast nicht beschreiben kann – irgendwie so ruhig und friedlich. Ich weiß auch nicht warum, aber ich habe mich da so wohl und geborgen gefühlt. Es war so ein großes Zusammengehörigkeitsgefühl – eine Gruppe von Menschen, die an dasselbe glaubt ...“

Marc: „Ach, das hat doch nichts zu bedeuten. So etwas erlebt man doch bei jedem Konzert oder bei einem unserer Skate-Events. Und das fährt noch viel mehr ein. Du musst mal mitkommen, dann weißt du, was ich meine. Dort geht es voll ab!“

Julia: „Kann schon sein. Aber dort in der Kirche ist mir durch den Kopf gegangen, dass es überall auf der Welt Menschen wie wir gibt, die den gleichen Glauben und die gleichen Hoffnungen haben. Stell dir das mal vor! Und wenn ich mir erst überlege, wie viele Menschen vor mir schon in dieser Kirche zu Gott gebetet haben, ihm ihre Sorgen anvertraut und auf seine Hilfe gehofft haben, da wird einem ganz anders. Obwohl es das alles schon so lange gibt, finden die Menschen etwas darin. Musikbands kommen doch so schnell aus der Mode – was war ich als Kind in die Backstreet Boys verknallt! Und jetzt kann ich mit deren Musik überhaupt nichts mehr anfangen. Diese Pop-Bands kommen und gehen, aber den Glauben an Gott und die Bibel gibt es schon seit zweitausend Jahren. DAS FINDE ICH SCHON FASZINIEREND.“

Marc: „Okay, da geb ich dir recht. Also, da bin ich auch deiner Meinung: Wenn nichts an der Sache dran wäre, hätte sie sich wohl kaum so lange gehalten. Aber jeder soll selber entscheiden können, ob Gott in seinem Leben eine Rolle spielen soll oder nicht. Das kann man ja nicht erzwingen!“

LASS MICH GLAUBEN

GUTER GOTT,
MANCHMAL FÜHL ICH MICH ALLEIN
IN DER MASSE DER MENSCHEN,
FÜHLE MICH NICHT VERSTANDEN,
UNGELIEBT UND LÄSTIG
NIEMAND DA, DER MEINE MEINUNG TEILT,
DIESELBEN FRAGEN UND ZWEIFEL HAT

SO VIELE MENSCHEN AUF DER GANZEN WELT
DIE AN DICH GLAUBEN, DIE AUF DICH HOFFEN
ALLE MIT IHREN ÜBERZEUGUNGEN,
ZWEIFELN UND SEHNSÜCHTEN
MANCHMAL FÜHL ICH,
DASS ICH EINER VON IHNEN BIN,
SCHENK MIR DEINEN GEIST,
DAMIT ICH ERFÜLLT WERDE
VON DEINER GRENZENLOSEN LIEBE

LASS MICH DICH SPÜREN,
LASS MICH ZU DIR FINDEN,
IM LÄRM UNSERER WELT
DIE STILLE ENTDECKEN
UND ERKENNEN
WELCHE TIPPS
DU FÜR MICH BEREITHÄLTST

Rettungsfahrer: „Warum ich mit Gott lebe? Da ist einfach so ein Gefühl, dass es richtig ist. Ich bin überzeugt, dass Gott die Erde gut geschaffen hat. Schau doch mal die Natur an, wie schön sie ist: ein Sonnenuntergang, ein Bergbach … Da kann doch niemand sagen, dass es so etwas nicht zu bewahren gilt! Da lohnt sich wirklich jeder Einsatz, damit auch unsere Kinder und Enkelkinder noch so etwas erleben können."

Enrico: „Aber reicht es da nicht, dass wir einfach die Welt und die Menschen lieben? Dafür muss man ja nicht unbedingt an Gott glauben."

Rettungsfahrer: „Wenn ich nicht an Gott und das ewige Leben glauben würde, wäre ich schon lange total gefrustet und ohne Hoffnung. Wenn wir sterben, wird die Welt sehr wahrscheinlich noch immer nicht perfekt sein. Aber als Christ habe ich die Hoffnung, dass Gott mir ein Leben nach dem Tod schenken wird und ich miterleben darf, wie alle Menschen zum Heil finden."

Julia: „Oh, ich hab eine SMS bekommen."

CINDY: KÖNNEN WIR UNS TREFFEN? LARS HAT SCHLUSS GEMACHT! ER LIEBT MICH NICHT MEHR. UND DAS NACH DREI MONATEN! MIR GEHT ES HUNDEELEND.

Julia: „Was?! Die beiden waren doch so ineinander verliebt! Ich muss sie anrufen. Darf ich kurz?"

Marc: „Kein Problem, ich muss sowieso los, sag ihr einen lieben Gruß von mir."

Julia: „Cindy? Ich hab gerade deine SMS gelesen. Soll ich vorbeikommen?"

Cindy: „Nein, ich will jetzt niemanden sehen. Er weiß genau, was er mir damit angetan hat. Ich habe ihm total vertraut! Die ganze Zeit hat er davon gesprochen, dass wir für immer zusammenbleiben! Und jetzt das! Einfach aus – ohne einen speziellen Grund! Wir hatten keinen Streit! Du kannst dir gar nicht vorstellen, wie weh das tut! Immer das Gleiche mit diesen Typen! Wie soll man da noch jemandem vertrauen?"

Julia: „Was sagt deine Mutter dazu? Sie hat Lars doch so gerne gehabt …"

Cindy: „Komm mir nicht mit der! Die hat gemeint, dass der Richtige schon noch kommen wird. Dass ich Geduld haben solle. Dass das doch nicht so schlimm sei!"

Julia: „Ja, das hilft jetzt auch nicht weiter."

Cindy: „Bei ihm hab ich mich so sicher gefühlt. Irgendwie war da so ein Gefühl. Das mehr als ein Kribbeln! Er war der Erste, mit dem ich mir sogar vorstellen hätte können, dass es etwas für immer wird. Mit Heiraten und so!"

Julia: „Was? Bist du verrückt? Heiraten in unserem Alter! Wir sind noch nicht einmal achtzehn! Du weißt doch, wie viele Ehen heute geschieden werden."

Cindy: „Ja, aber irgendwie träumt man doch davon, dass man irgendwann den einen findet, der mit einem durchs Leben geht."

Julia: „Schön wär es ja schon, aber ob es das heute noch gibt? Also, ich glaube, ich werde erst heiraten, wenn ich schon ein paar Jahre mit dem Typ zusammengelebt habe und gesehen habe, dass wir eine Zukunft haben."

Cindy: „Aber ohne Hochzeit ist es doch nicht dasselbe. In der Kirche heiraten, das ist …"

Julia: „Verbindlicher? Erzähl keinen Quatsch, deshalb kann eine Ehe genauso gut in die Brüche gehen. Meinst du, Gottes Segen ist die Garantie für eine glückliche Ehe?"

Cindy: „Nein, aber wenn ich vor Gott das Ja-Wort gebe, hat das für mich eine viel größere Bedeutung. Lars hat auch gesagt, dass … Und jetzt hat er einfach …"

Julia: „Willst du nicht doch ein bisschen zu mir kommen? Dann können wir uns eine DVD reinziehen. Ich hab bestimmt irgendwo noch eine lustige Komödie rumliegen …"

Cindy: „Hm, okay, zuhause halt ich es ja doch nicht aus. Bis gleich!"

Julia: „Jetzt klingelt mein Handy schon wieder!"

Britta: „Hey, ich bins nochmals. Ich habe mich im Internet gerade ein bisschen über diese Sekte informiert. Die lehnen Sexualität total ab – für sie ist Sex eine Sünde. Das ist ja total krass. Kannst du dir das vorstellen? Sie behaupten, dass Gott mit Sexualität nichts anfangen könne."

Julia: „Aber hat er sie nicht erschaffen?"

Britta: „Ja, doch. Es gibt auch ein paar Homepages, die sich kritisch mit dieser Sekte auseinandersetzen. Hör mal, was dort geschrieben steht: ‚Die Lehre, dass Gott gegen die Sexualität ist, ist falsch. Gott schenkt uns die Erfahrung der Liebe. Diese kommt auch körperlich zum Ausdruck. Auch in der Bibel gibt es Stellen, wo Sexualität als positiv bezeichnet wird. Zum Beispiel im ‚Hohen Lied der Liebe'."

Julia: „ABER WARUM IST LIEBE MANCHMAL SO SCHMERZHAFT?
Manchmal würde ich wirklich gerne auf solche Gefühle verzichten können

Britta: „Also, ich bin überzeugt, dass Gott uns die Liebe schenkt, weil er uns liebt. Wenn wir einen anderen Menschen lieben, können wir uns ein Bild davon machen, wie stark Gottes Liebe zu uns ist."

Julia: „Du kennst dich aber aus!"

Britta: „Hab ich auch im Internet entdeckt. Aber ich bin gleicher Meinung. Hab auch gelesen, dass die Liebe eine treibende Kraft ist – aus Liebe macht man etwas, das man sonst nicht machen würde. Aber man spürt, dass es richtig ist. Und wenn man jemanden liebt, kann man ihm auch verzeihen."

Julia: „Auch wenn das manchmal ganz schön schmerzhaft sein kann."

Britta: „Bist du heute komisch drauf! Du bist aber nicht unglücklich verliebt?"

Julia: „Nein, nein, nur Cindy. Sie kommt jetzt gleich vorbei."

Britta: „Okay, will nicht länger stören. Melde mich wieder! Bye."

DU STELLST MEINE WELT AUF DEN KOPF
GOTT, DU STELLST MEINE WELT AUF DEN KOPF
GOTT, DEINE LIEBE IST MEINE TREIBENDE KRAFT
GOTT, DEINE LIEBE LÄSST MICH IMMER WIEDER NEU SPÜREN
DASS ICH KEIN KIND DES ZUFALLS BIN
GOTT, DEINE LIEBE HILFT MIR DURCH DIE DUNKLEN TAGE
LÄSST MICH SPÜREN, DASS DA JEMAND IST, DER MICH LIEBT,
SO WIE ICH BIN, BEDINGUNGSLOS UND FÜR IMMER.

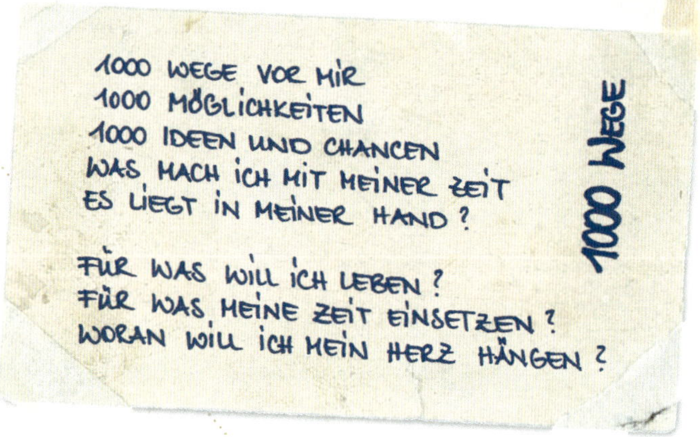

Julia: „Wie es wohl Enrico geht? Ich ruf ihn mal an …“

Enrico: „Schön, dass du mich anrufst. Geht es dir besser? Was machst du so?“

Julia: „Nicht viel, bekomme Besuch und so. Aber sonst etwas öde, daheim rumhängen zu müssen.“

Enrico: „Du sagst es. Im Spital ist es noch viel öder. Zum Glück hab ich momentan keine Freundin, da würden mich keine zehn Pferde mehr hier halten. Dann würde ich mich von ihr gesund pflegen lassen. Hihi …“

Julia: „Du scheinst ja wieder ganz der Alte zu sein.“

Enrico: „Warum? Weil ich zweideutige Witze mache?“

Julia: „Ich hab dir ja schon zur Genüge erzählt, was ich von deiner Einstellung halte. Liebe ist doch viel mehr als Sex. Liebe ist etwas ganz Besonderes. Von einem Menschen richtig geliebt zu werden, das muss ein schönes Gefühl sein.“

Enrico: „Habe mich hier ein bisschen mit einem der Rettungsfahrer unterhalten. Der ist noch echt cool drauf. Er ist sehr religiös, aber er kann einem das mit einfachen Worten erklären: Als Beispiel hat er die Natur gebracht – die sei so einmalig schön, dass wir alles dran tun müssen, sie zu bewahren.“

Julia: „Als ob das so einfach wäre.“

Enrico: „Egal, wenn man jemanden oder etwas liebt, dann kann einen rein gar nichts von seiner Überzeugung abbringen.“

Julia: „Du sollst jeden lieben wie dich selbst!“

Enrico: „Woher hast du denn das wieder?“

Julia: „Steht in der Bibel. Ist mir gerade eingefallen ...“

Enrico: „Hm, ja, und?“

Julia: „Vorher hab ich Besuch gehabt von meiner Nachbarin und da haben wir über Gott und Glauben gesprochen. Vielleicht ist es mir deshalb in den Sinn gekommen. Hm, aus Nächstenliebe machen Menschen ja auch total unglaubliche Dinge. Britta hat Schwester Elisabeth getroffen – sie war früher unsere Religionslehrerin. Die ist aus Liebe zu Gott und den Mitmenschen ins Kloster gegangen.“

Enrico: „Ja, solche Berufungen soll es geben. Also, ich könnte mir das nicht vorstellen.“

Julia: „Ich mir auch nicht. Aber zum Glück hat jeder Mensch eine andere Berufung!“

Enrico: „Zu was bist du berufen?“

Julia: „Wenn ich das wüsste! Das ist manchmal gar nicht so einfach zu erkennen. Schwester Elisabeth hat uns immer gesagt, dass jeder Mensch zu etwas ganz Speziellem berufen ist. Nicht, dass jeder einen total außergewöhnlichen Beruf ergreifen oder so was Extremes wie Mutter Teresa machen würde – aber jeder ist auf dieser Welt, weil Gott es so gewollt hat und er mit einem etwas Besonderes vorhat.“

Johannes (Rettungsfahrer): „Ja, sicher kommen wir zur Firmung. Hallo? Bist du noch dran? Ich kann dich so schlecht verstehen. Ja, bin gerade im Fitnessstudio und habe schlechten Empfang. Wir kommen sicher zu Nicos Firmung. Als Patenonkel will man da auf jeden Fall dabei sein! Ich kann mich noch gut an meine eigene Firmung erinnern. Nico hat es sich lange überlegt? Nein, es war für mich schon etwas Besonderes, vom Bischof gefirmt zu werden. Also, im Nachhinein war es mir schon wichtig, dass ich gefirmt worden bin. Auch wenn ich damals noch manchen Zweifel hatte und nicht jeden Sonntag in der Kirche war, war es irgendwie eine Grundsatzentscheidung. Ich hab ja gesagt zu Gott und seiner Botschaft. Was? Ja, okay. Dann sehen wir uns am Sonntag. Macht's gut."

Peter, 31: „Du gehst am Sonntag zu einer Firmung?"

Johannes: „Ja, mein Patenkind wird gefirmt. Wie lange musst du noch?"

Peter: „Fünf Minuten, dann kannst du auf das Laufband. Oder gehen wir gleich miteinander rüber zum Gewichte-Stemmen?"

Johannes: „Nur keinen Stress. Gehen wir es heute langsam an ..."

Peter: „Das wird so eine Firmung mit Bischof und allem Drum und Dran?"

Johannes: „Ja klar. Das ist immer so."

Peter: „Bei mir war nach der Firmung nichts mehr. Ich hätte ja schon Interesse gehabt, mit anderen Leuten über Gott zu reden, aber wo gibt es solche Angebote?"

Johannes: „Wir hatten eine Jugendgruppe. Wir haben uns einmal in der Woche getroffen. Das waren immer ganz interessante Abende. Aber du hast recht: Ist nicht so einfach, dem Glauben einen fixen Platz im Alltag einzuplanen. Ich habe mir angewöhnt, dass ich jeden Abend bete, egal, wie müde ich bin, aber so entsteht eine Regelmäßigkeit."

Peter: „Hat dich die Firmung verändert?"

Johannes: „Keine Ahnung. Es ist ja nicht so, dass auf Knopfdruck alles ganz anders ist im Leben. Aber seither überlege ich mir bei wichtigen Entscheidungen immer, was Jesus an meiner Stelle getan hätte. Und bei der Firmung ist mir zum ersten Mal klar geworden, dass wir als Christen nicht auf uns allein gestellt sind, sondern dass wir eine weltweite Gemeinschaft sind."

Peter: „Bei mir war es eher so, dass es einfach logisch war, dass auf Taufe und Erstkommunion die Firmung folgte."

Johannes: „Hm, nein, das stand bei mir, wenn ich mich richtig erinnere, überhaupt nicht im Vordergrund. Ich versprach mir, durch die Firmung Gott irgendwie näherzukommen."

Peter: „Und ist dir das gelungen?"

Johannes: „Hm, das passiert natürlich nicht von heute auf morgen. Es liegt schon an einem selbst, ob man dranbleibt und sich auf die Suche nach Gott macht. Man muss dem Heiligen Geist schon Platz schenken, damit er sich entfalten kann."

Julia: „Wieder mal so viel Spam in meiner Mailbox! Wie das nervt! Ach hier, Melanie hat geschrieben."

VON: *MELANIE*
AN: *JULIA*
BETREFF: *alles klar bei dir?!*

hey julia

wie geht's? ich hoffe, du hast dich wieder ein bisschen erholt? wir müssen uns bald wieder treffen! hab dir einiges zu erzählen. hab momentan einiges zu tun, bald ist ja die firmung und vorher gehen wir noch miteinander auf die firmreise. also du weißt ja, dass mich das ganze am anfang etwas genervt hat. hab mir das total öde vorgestellt. doch irgendwie ist es noch ganz easy. hab einige neue leute in meiner firmgruppe kennengelernt. da herrscht noch ne coole atmosphäre. schon komisch, wie offen manche von sich und ihrem leben erzählen. und es kann echt spannend sein, mit anderen über gott und die bibel zu diskutieren. ich habe ganz offen gesagt, dass ich schon ein bisschen skeptisch bin mit manchen dingen in der bibel – zum beispiel, diese ganzen wunder! dass jesus über das wasser gegangen sein soll! aber die anderen leute in meiner gruppe finden das gar nicht so wichtig.

so, muss schluss machen, muss noch einiges für morgen vorbereiten!

bis bald + lg, mely

Georg, 52: „Hallo, bin wieder da!"

Julia: „Hey, bin in meinem Zimmer."

Georg: „Darf ich kurz stören?"

Julia: „Ja, hab gerade eine Mail von Mely gekriegt. Sie wird bald gefirmt. Das ganze Vorbereitungsprogramm sei doch nicht so schlimm, wie sie gedacht hat."

Georg: „Schön. Die Firmung ist ja schon ein einschneidendes Ereignis im Leben."

Julia: „Meinst du? Also, ich weiß nicht. Man lebt doch nach der Firmung genau gleich wie vor der Firmung. Ist doch Quatsch, dass man durch die Firmung in einen anderen Menschen verwandelt wird."

Georg: „Nein, aber das behauptet auch niemand. Es geht nicht darum, jemanden zu verwandeln. Es ist so etwas wie der offizielle Start in ein geistgefülltes Leben: Man entscheidet sich für Gott und sich am Evangelium zu orientieren."

Julia: „… ja, und das macht sich bemerkbar, indem man sich für andere Menschen einsetzt – bei uns oder anderswo auf der Welt. Das habe ich heute schon zur Genüge gehört!"

Georg: „Der Einsatz für andere Menschen ist nicht alles – wenn man Christ ist, glaubt man daran, dass nach dem Tod nicht alles vorbei ist und dass alles zu einem guten Ende kommt. Darauf darf ich hoffen."

Julia: **„Und was hat das mit meinem Leben hier zu tun?"**

Georg: „Als Christ glaube ich, dass jeder Mensch und die Welt von Gott geschaffen ist. Wir sind alle seine Schöpfung. Deshalb haben wir schon jetzt eine Beziehung zu Gott. Und ob mein Leben vom Heiligen Geist geprägt ist, zeigt sich an jedem Tag, bei jeder Entscheidung, bei jeder Begegnung mit anderen Menschen …"

FORM MICH, FIRM MICH,
JETZT ENTSCHEIDE ICH!

MEINE FIRMUNG

MEIN FOTO

FIRM-DATUM: ……………………………………………

DESHALB HABE ICH MICH FÜR DIE FIRMUNG ENTSCHIEDEN:

……………………………………………………………………………

……………………………………………………………………………

……………………………………………………………………………

……………………………………………………………………………

……………………………………………………………………………

GLAUBEN-IM-ALLTAG-ABC

WIE KANN ICH GOTT IN MEINEM ALLTAG PLATZ SCHAFFEN?

Die Firmung ist kein Ereignis ohne Wirkung! Durch die Firmung soll das Leben eine neue Richtung bekommen. Doch wie lässt sich das in die Tat umsetzen? Hier findet ihr Ideen von A bis Z, wie man den Glauben im Alltag leben kann – bestimmt fallen euch viele andere Dinge ein, die könnt ihr in die freien Stellen schreiben!

A ....

....

....

....

B BISCHOF IM CHAT

Fragt euren Diözesan- oder Weihbischof, ob ihr mit ihm per Chat über Fragen rund um die Firmung diskutieren könnt. Macht andere Jugendliche auf den Chattermin aufmerksam und ladet sie ein, mitzuchatten.

C CHARITY-AKTION

Viele Prominente machen bei Charity-Aktionen mit, bei denen Geld für Menschen, denen es nicht gut geht, gesammelt wird. Warum stellt ihr nicht einen eigenen Benefiz-Anlass auf die Beine? Wie wäre es mit einem Konzert im Jugendraum oder einem Autowaschtag, bei dem ihr Geld für ein Hilfsprojekt sammelt?

D

E

F FAIRER HANDEL

Gibt es in eurer Umgebung ein Geschäft, das Produkte aus dem „Fairen Handel“ verkauft? Fragt nach, ob ihr die ehrenamtlichen Mitarbeiter während einer gewissen Zeit unterstützen könnt. Falls es keinen Weltladen oder Ähnliches gibt, bietet während eurer Firmvorbereitung einmal im Monat nach dem Sonntagsgottesdienst einen Stand mit Produkten aus dem „Fairen Handel“ an. Erzählt im Gottesdienst, warum es Sinn macht, „faire Produkte“ zu kaufen. Informationen: www.weltladen.at

G

H HEIM

Besucht ein Alten- oder Kinderheim oder eine Werkstätte für Behinderte. Sprecht mit den Betreuern, aus welcher Motivation sie dort arbeiten. Versucht, je nach Möglichkeit, die Mitarbeiter einen Tag lang bei ihrer Arbeit zu unterstützen.

I ....

....

....

....

J JUGENDLICHE AUS ANDEREN LÄNDERN

Sucht im Internet eine Firmgruppe in einem anderen europäischen Land und nehmt mit ihr Kontakt auf. Fragt diese Jugendlichen, wie sie sich auf die Firmung vorbereiten, was ihnen die Firmung bedeutet …

K KLOSTER

Besucht ein Kloster und verbringt mit den anderen Firmlingen ein Wochenende dort.

L ....

....

....

....

M MINI-WALLFAHRT

Unternehmt mit den anderen Firmlingen eine kleine Wallfahrt zu einer Kapelle, auf einen Berg oder an eine ruhige Waldlichtung: Bestimmt eine Wanderroute. Während der Wanderung wird kein Wort gesprochen! Tauscht am Ziel der Wanderung miteinander aus, wie ihr euch während der Wanderung gefühlt habt, welche Gedanken euch durch den Kopf gegangen sind …

N NAHRUNG

Wie viel brauche ich zum Leben? Überlegt euch, welche Lebensmittel und sonstige Ressourcen ihr an einem Tag braucht, und füllt die Checkliste aus:

○ .... kg Brot	○ .... l Milch	○ .... Wasser
○	○	○ ....

O OMA & OPA

Besucht eure Großeltern oder andere ältere Menschen und befragt sie über ihren Glauben: Können sie sich an ihre Firmung erinnern? Welche Rolle spielte früher der Glaube im Alltag?

P PFARRBLATT

Berichtet in regelmäßigen Abständen in eurem Pfarrblatt, was ihr in der Firmvorbereitung erlebt. So können die anderen auch an eurer Firmvorbereitung teilhaben ...

Q QUELLE

Sucht in eurer Umgebung eine Quelle, aus der ein Fluss entsteht. Schreibt einen Brief an Gott und steckt ihn in eine Flasche. Wandert zur Quelle und dann den Fluss hinunter, bis ihr die Flaschenpost im Wasser davontreiben lassen könnt.

R RELIGIONEN

Lernt andere Religionen kennen. Besucht eine Moschee oder eine Synagoge. Sprecht mit Menschen aus anderen Religionen über ihren Glauben, über ihre Hoffnungen ...

S STERNENNACHT

Verbringt mit euren Freunden eine wolkenlose Nacht im Freien. Beobachtet den sternklaren Himmel. Nehmt Liederbücher und Instrumente mit, so dass ihr miteinander singen könnt.

T TRAUM-WAND

Überlegt euch in der Firmgruppe, welche Träume und Wünsche ihr von der Zukunft habt. Gestaltet eine große Collage und stellt sie in der Kirche auf, schreibt eure Namen darunter. Ihr könnt eure Beiträge auch mit Fotos von euch ergänzen. Tragt eure Träume als Fürbitten im Gottesdienst vor!

U UNTER UNS

Ladet Menschen aus anderen Ländern ein, die bei euch Asyl gefunden und ein neues Leben aufgebaut haben – sprecht mit ihnen über ihren Glauben, ihren Umgang mit Niederlagen und ihren Hoffnungen.

V ....

....

....

....

W WICHTIG

Was ist euch im Leben wichtig? Macht eine Umfrage auf der Straße, macht mit den Ergebnissen eine Ausstellung – hängt in der Kirche oder im Pfarrzentrum Statements der Befragten auf. Ihr könnt auch Bilder usw. zu den Statements gestalten.

X ΧΡΙΣΤΟΣ

„X" im griechischen Alphabet der Anfangsbuchstabe für „Christus": Überlegt euch einen Monat lang bei Entscheidungen usw. ganz bewusst, was würde Christus an eurer Stelle tun?

Y ....

....

....

....

Z ....

....

....

....

KEINE GARANTIE

AUCH WENN ICH MIT DEINEM SEGEN
DURCHS LEBEN GEHE
LEB ICH NICHT IN EINER SONDERWELT,
BIN NICHT UNVERWUNDBAR
VON DEN WIRREN DES ALLTAGS
AUCH WENN ICH MICH VON DIR BEHÜTET FÜHLE,
EIN LEBEN MIT DIR IST KEINE GARANTIE
FÜR EIN LEBEN IN ROSAROT,
DER GLAUBE AN DICH
IST KEIN MEDIKAMENT GEGEN SORGEN
ABER ICH WEISS, DASS DU AUCH BEI MIR BIST,
WENN EIN TRAUM ZERBRICHT
ES MEIN HERZ ZERREISST,
ÄNGSTE MICH ZU VERSCHLINGEN DROHEN
UND ICH KEINE AHNUNG HABE,
WIE ES WEITERGEHT.
AUF DICH ZU VERTRAUEN,
AN DICH ZU GLAUBEN.

Enrico: „Machen wir eine Pause? Mir tut alles weh!“

Lenka, 56: „Nein! Erst wenn wir am Ende des Ganges angekommen sind. Gib nicht so schnell auf! Oder willst du nicht möglichst schnell wieder ohne Krücken gehen?“

Enrico: „Ja, sicher. Wieder laufen lernen! Und das in meinem Alter!“

Lenka: „Da hat es schon viel ältere Menschen gegeben, die nach einem Unfall wieder die einfachsten Dinge neu lernen mussten. Da könnte ich dir noch ganz andere Geschichten erzählen. Bleibt einem nichts Anderes übrig als Zähne zusammenbeißen! Als ich hierhergekommen bin, musste ich auch von null anfangen. In Prag war ich Ärztin! Und hier konnte ich froh sein, dass sie mich als Krankenpflegerin genommen haben ...“